Sonhos

PSICANÁLISE PASSO-A-PASSO

Direção: Marco Antonio Coutinho Jorge

Ver lista de títulos no final do volume

Ana Costa

Sonhos

ZAHAR

Jorge Zahar Editor Ltda.
rua Marquês de S. Vicente 99 – 1º | 22451-041 Rio de Janeiro, rj
tel (21) 2529-4750 | fax (21) 2529-4787
editora@zahar.com.br | www.zahar.com.br

Revisão tipográfica: Michele Mitie Sudoh e Vania Santiago
Composição: TopTextos Edições Gráficas Ltda.
Capa: Sérgio Campante

CIP-Brasil. Catalogação-na-fonte
Sindicato Nacional dos Editores de Livros, RJ.

Costa, Ana
C87s Sonhos / Ana Costa. — Rio de Janeiro: Zahar, 2006.
(Passo-a-passo; 65)

Inclui bibliografia
ISBN 978-85-7110-925-4

1. Sonhos. 2. Sonhos – Aspectos psicológicos. 3. Psicanálise. I. Título. II. Série.

CDD: 154.63
06-1879 CDU: 159.963.6

Sumário

Introdução

Os sonhos sempre tiveram valor no imaginário de todas as culturas. Entre os gregos, por exemplo, podiam representar intenções dos deuses e, nesse sentido, precisar de interpretação. Diferentemente do que ocorre em nossa cultura, os sonhos não eram encarados como algo da intimidade do sonhador, sendo tomados como resultados de desígnios "exteriores", como augúrios do destino. Com isso, percebemos que as formas de representá-los resultam de diferentes construções culturais. Nos desdobramentos da cultura ocidental a "intimidade" ganha relevo, perdendo-se grande parte do sentido trágico e social que a suposição de um destino trazia. Por essa razão, o sonho passou a ter uma significação individual. Nesse contexto, a psicanálise surge como um campo singular de abordagem. O trabalho analítico deu outro estatuto aos sonhos, resgatando-os da aparente dicotomia que a contraposição destino *versus* indivíduo lhes deu ao longo de séculos. No desenvolvimento deste livro, investigo a função dos sonhos no ensino da psicanálise, bem como sua importância no trabalho de cada analisando. Pretendo mostrar, assim, a singularidade do registro psicanalítico do tema.

Com seu clássico livro *A interpretação dos sonhos*, publicado em 1900, Freud inaugura um campo que permanece único: a abordagem dos sonhos como uma formação do inconsciente. Nesse texto, ele os apresenta como produtos da realização de desejos inconscientes, resultantes do que denominou *processo primário*. O que lhes daria a característica por vezes absurda seria a deformação exercida pelo *processo secundário*, no qual Freud localizou o trabalho da *censura*. O processo secundário substitui o primário, modificando seu conteúdo. O resultado são deformações que camuflam o desejo realizado no sonho, fazendo com que o mesmo adquira uma expressão irreconhecível. Essa abordagem não foi retomada nem modificada por Freud, mesmo que ele tenha produzido uma alteração radical nos conceitos que sustentavam a psicanálise. Aqui apresento essas modificações, e, ao mesmo tempo, ressituo a teoria sobre os sonhos, cujas bases se alteraram.

A forma peculiar que resulta da elaboração onírica produz o caráter enigmático do sonho, que todos conhecemos. Ao longo dos séculos, essa característica tem despertado curiosidade e interesse. Muitas chaves interpretativas já foram propostas, e muitos leitores de destinos viram nos sonhos uma predição. Ficaram famosas as ocasiões em que as interpretações provocaram estratégias de guerra, resultando em vitórias. Freud entrou nesse viés do interesse popular trazendo para a interpretação dos sonhos uma abordagem científica. Mais ainda: reverteu a temporalidade que até então lhes era atribuída! Ao invés de predizer o futuro, o sonho mostrava uma realização do desejo infantil recalcado. É nessa medida que ele caracteriza o inconsciente como atemporal, não sujeito a modificações pela passagem do tempo.

Freud propõe a indestrutibilidade do desejo infantil, mantido intacto no inconsciente, afirmando que dele nada se apaga completamente. O que se registra uma vez permanece sempre em condições de ser reativado. Freud compara isso à cidade de Roma, onde vemos as marcas da história nas ruínas de prédios de outros tempos, que permanecem lado a lado com os prédios contemporâneos.

Pode-se perceber que sonho e inconsciente são dois conceitos estreitamente ligados na teoria freudiana. De fato, considera-se que a fundação mesma da psicanálise deu-se com a publicação dos textos de Freud em 1900. O autor denominou "formações do inconsciente" o que dele surgia como seus representantes mais diretos: além dos sonhos, os atos falhos e os chistes. E deu ao sonho um estatuto especial, considerando-o "via régia para o inconsciente".

No desenvolvimento deste livro, uso principalmente duas referências, básicas em nosso campo: Freud e a releitura de sua teoria empreendida por Jacques Lacan, influência fundamental nos desdobramentos contemporâneos da psicanálise. Pela releitura de Lacan muitas das propostas freudianas se esclarecem, além de adquirirem novos fundamentos.

Por que sonhamos?

A ninguém ocorreria perguntar por que comemos, ou por que bebemos. São perguntas respondidas por antecipação no nosso senso corriqueiro, de misturar cultura e natureza. Ou seja, damos por estabelecido que nossas funções fisiológicas são "naturais" e que devem responder a ciclos parecidos com outros correspondentes na natureza. A maneira como circunscrevemos nosso campo de indagações prescreve as respostas que encontramos. Se pensarmos que nossa fisiologia tem correspondência com a dos animais, buscaremos nossos "ciclos" no que pode ser descrito pela biologia. E, então, à noite sonhamos. E o que sonhamos não corresponde nem à natureza, nem a nossa vã razão. Sonhar "não serve para nada".

Como um investigador dedicado, Freud faz um extenso levantamento sobre a literatura que trata dos sonhos: desde a filosofia à medicina; dos clássicos interpretadores de sonhos da Antigüidade à psicologia de seu tempo. Esse levantamento reproduz uma dicotomia: ou bem a produção do sonho provém de estímulos externos (percepções, durante o sono, que seriam incorporadas na produção das imagens), ou bem resulta de estímulos internos. Não se precisa de grandes deduções para constatar que ambas as fontes — estímulos internos, ou estímulos externos — sempre estão em causa, em maior ou menor grau. É nessas construções que Freud vai produzindo uma ruptura radical com as concepções de sua época, algumas das quais ainda têm ressonância entre nós, apesar de mais de um século de convivência com a psicanálise. Essa ruptura opera sobre a suposição de um determinismo biológico, propondo em seu lugar dois elementos estrangeiros a esse campo. De um lado, o desejo inconsciente; de outro, a organização da linguagem, abordando o sonho como um texto que contém em si as mesmas ferramentas de que a linguagem se utiliza.

Apesar de as explicações biológicas não serem suficientes para dar conta da determinação do sonho, também não podemos dizer que ele seja um processo exclusivamente "ideativo", no sentido corriqueiro em que pensamos essa expressão. Sonhar tem efeitos no nosso organismo. Tanto é assim que já com Freud encontramos a explicação de que o sonho tem por função a manutenção do sono, do estado de repouso. O autor antecipa uma concepção que terá amplo desenvolvimento mais tarde, dizendo respeito à inter-relação entre o psíquico e o orgânico, que desemboca na teoria das pulsões. Para Freud, a pulsão se apresenta como um conceito limite entre o psíquico e o somático. Como essa teoria sempre constituiu um dos alicerces da psicanálise, sua definição constrói a fronteira mesma desse campo. Nesse sentido, a máxima freudiana de que o sonho é *realização de desejos* não pertence exclusivamente ao campo ideativo. É na construção do sonho que encontramos um enlace entre pulsão e representação. Por outro lado, essa construção faz parte do que o autor denominou *realidade psíquica.* Com isso ele sustenta que a fantasia não é algo a desconsiderar como uma simples ilusão a ser desfeita. A realidade psíquica — motor de tudo o que diz respeito às formações do inconsciente — tem efeitos reais, que produzem modificações no organismo e interferem na percepção que temos da realidade do mundo e das coisas.

A partir do desenvolvido podemos tecer algumas considerações. A afirmação de que o sonho é necessário para que possamos dormir pode ser atestada em diferentes situações de insônia, em que ocorre uma espécie de ruptura do suporte para a construção da realidade psíquica. Isso pode acontecer nos momentos de crise, quando o suporte do sujeito fracassa, ou nos de grande paixão, quando vivemos uma espécie de *sonho dentro do sonho*, que por vezes nos impede de dormir ou até mesmo de comer.

Sonho e realidade psíquica

O estatuto de realidade psíquica é no mínimo paradoxal, porque subverte o que costumamos pensar sobre o termo *realidade*. No senso comum a realidade é algo inquestionável, que está sempre a nossa espera ao abrirmos os olhos todas as manhãs. Ela nos acossa se despertamos de um sonho prazeroso, no instantâneo de algo que se foi, contrastando-o com a dureza cotidiana. Ou no dia seguinte de uma perda dolorosa, na dura constatação de que não foi um sonho. É assim também quando alguém convoca o argumento da realidade, porque se tem por princípio que ali não cabe discussão. No entanto, a *realidade psíquica* contradiz completamente esse corriqueiro sentido preestabelecido.

Freud propõe-se a caminhar nesse tema partindo de sua clínica. Ocorre-lhe muito cedo pensar sobre isso, a partir da elaboração do texto sobre os sonhos. Sugere que não se confunda *realidade psíquica* com *realidade material* e responde a uma certa resistência dos estudiosos em conferir autoridade aos sonhos porque os mesmos não correspondem aos princípios morais de quem sonha.

A realidade psíquica corresponde à proposta do sonho como realização do desejo inconsciente. Freud representou-a como uma espécie de "outra cena", que não corresponde às balizas que nos orientam no cotidiano, mas que tece com elas uma rede de associações. Ela é responsável tanto pela fantasia quanto pela formação dos sonhos. Mais tarde em sua obra, ele propõe dois princípios, que apesar de contraditórios constituem uma continuidade: o *princípio do prazer* e o *princípio de realidade*. O primeiro é o que está em causa na constituição da realidade psíquica, com produções resultantes da expressão do desejo inconsciente. As expressões desse desejo, que para Freud resulta do desejo infantil recalcado, sempre passam por deformações ou por sentimentos considerados absurdos. No entanto, sua eficácia é tamanha que nenhum argumento de veracidade ou bom-senso é suficiente para alterar seus efeitos (sejam eles angústia, ou mesmo formações de sintomas).

Para apresentar essa questão, Freud traz um exemplo: se alguém se sentir culpado pela morte de outrem (morte, esta, de ocorrência natural), não adianta convencê-lo do absurdo de tal sentimento. A culpa corresponderia à realização fantasística de um desejo de morte, mantido recalcado até que o acontecimento natural o tenha feito vir à tona. O psicanalista dará crédito a esse desejo, acolhendo-o como a expressão de uma fantasia, constituinte da realidade psíquica.

A realidade psíquica é a tela necessária para que a "realidade", tal qual a representamos em nosso cotidiano, possa ter a consistência que lhe damos. Mais ainda: sem realidade psíquica não há realidade material. Essa constatação é uma das maiores contribuições que a psicanálise pode trazer à cultura. Para que haja "realidade", ou mesmo vida *lato sensu*, é preciso que haja fantasia. Ou, como corriqueiramente falamos, para que representemos uma realidade é preciso antes sonhar.

As afirmações acima podem ser constatadas nos momentos em que algo rompe abruptamente com as referências que ordenam o cotidiano, afetando a função da realidade psíquica. Nas guerras, ou mesmo nas imigrações (e em outros acontecimentos não tão evidentes), somente conseguimos orientar-nos na chamada "realidade material" quando as funções do sonho e da fantasia podem ser reconstituídas. Ou seja, para viver é preciso sonhar.

Realização de desejos

A expressão que Freud utiliza para apresentar as relações entre sonho e desejo somente repete o que encontramos no senso comum. Quando conseguimos algo que muito perseguimos dizemos "realizei um sonho". E no momento mesmo em que nos encontramos em uma situação de extremo prazer dizemos "parece um sonho". Com isso, a linguagem popular interpreta a estreita relação entre sonho e desejo. Mais ainda: não se trata de qualquer desejo, na medida em que aponta para a dimensão de uma impossível realização, cuja concretização no campo da realidade material provoca surpresa e um sentimento do inusitado.

Essa faceta da expressão popular tem somente uma parte de correspondência com a interpretação da psicanálise. Foi dela que Freud partiu, com a impressão de uma certa orientação hedonista do *princípio do prazer*, responsável pela realidade psíquica. No entanto, a orientação do desejo para o psiquismo está baseada numa estrutura bem mais complicada do que pode parecer à primeira vista. O desejo surge como motor do sonho e da fantasia e, nesse sentido, não tem, por princípio, correspondência na realidade material. Assim, o desejo precisa permanecer *indestrutível*, como dizia Freud, irrealizado, representando o impossível, sendo a força motora da fantasia. Há dimensões de crises que trazem, em alguma medida, um fechamento da função desejante. Ou seja, obturam nossa falta constitutiva, essa que nos faz desejar e sonhar.

Muitas das balizas que sustentaram a teoria freudiana foram sendo modificadas pelo autor ao longo de sua obra. Uma delas diz respeito à ligação do desejo com o *princípio do prazer*, que coloca o sonho como realização de desejos, nessa suposição hedonista antes destacada. Num primeiro momento, foi suficiente ao autor fazer a diferença entre *princípio do prazer* e *princípio de realidade*, para apresentar os registros que nos determinam na constituição do psiquismo. Não cabe aqui desdobrar todas as modificações por que passou a teoria freudiana ao longo de seu desenvolvimento. Trarei somente a referência a dois temas que interessam diretamente à abordagem dos sonhos: as mudanças na teoria das pulsões e na teoria da angústia. Essas modificações afetam diretamente aquilo que entendemos como desejo no sonho. É necessário, então, fazer um pequeno preâmbulo.

Uma primeira consideração diz respeito à teoria das pulsões, que afeta diretamente a proposta do *princípio do prazer*. Num primeiro momento Freud serviu-se do dualismo fome/sexo para propor dois princípios pulsionais — um de conservação e outro sexual. Como já mencionamos, esse dualismo correspondia ao domínio do *princípio do prazer*. Posteriormente, no artigo "Além do princípio do prazer", publicado em 1920, ele reformula o dualismo pulsional propondo um embate entre pulsões de vida (as sexuais) e pulsões de morte (responsáveis pela compulsão à repetição). Mais adiante retomarei essas questões.

Em relação ao desejo, não é simples tratar de sua função na psicanálise. Mas destaco dois elementos principais que estão em causa no sonhar: a referência temporal e a reconstituição da falta estrutural que permite a construção da fantasia. Já adiantei algo sobre isso quando fiz referência ao tempo. Freud subverteu a temporalidade que os intérpretes dos sonhos propunham. Ao invés de uma predição do futuro, refere o sonho a um retorno do desejo constituído na infância. Mas esse infantil que se atualiza não concerne a algo objetivo que tenha acontecido. O que se atualiza diz respeito a um signo representante de uma experiência de satisfação. Freud propõe que esse signo se constrói numa primeira experiência de satisfação do bebê, na qual uma vivência da falta promove a evocação do seio materno, produzindo-se uma satisfação alucinatória. Nesse sentido, o signo da satisfação alucinatória passa a valer pela própria experiência.

A atualização desse signo tem dupla assonância: por um lado, a memória da satisfação, por outro, também a memória da falta, que resultou da perda constituinte desse primeiro tempo da infância. Freud denominou esse primeiro tempo de *recalque originário*. Tratou dele como de um tempo mítico, tempo de entrada na função de representação, quando o sujeito perde qualquer relação direta com os objetos da necessidade. É ali que o mamar, por exemplo, deixa de ser somente a satisfação de uma necessidade. O alimento passa a compor um circuito onde pode ser relacionado com uma demanda de amor. Nesse circuito, o seio e seus substitutos são índices da relação primária de amor com a mãe.

Assim, é possível perceber que a referência do psiquismo ao desejo tem por função o acesso a representantes simbólicos, os quais mediam uma satisfação mais direta. Com isso, os homens constroem enormes desvios na relação com sua satisfação. E é desses desvios que se faz a cultura.

Apesar de a cultura resultar numa enorme rede que substitui as relações primárias, as formas de relações podem se manter. Isso significa, por exemplo, que alguém pode repetir no casamento a mesma forma de relação que mantinha com a mãe (independente de se o parceiro é homem ou mulher). Isso acontece em função da ligação pulsão-representação. Se por um lado, na constituição do sujeito, há uma série de interpolações que mediam a satisfação — o "desvio" que permite ligar a satisfação com representantes simbólicos —, por outro, o campo das representações fica também marcado pela carga (que Freud denominou "libido") das relações primárias. Temos, então, uma via de mão dupla: de um lado, a possibilidade de substituir o objeto da satisfação primária, o que lança o sujeito num campo simbólico; mas, de outro, o deslocamento da forma de relação — ou de satisfação — para o objeto substituto, constituindo, então, uma maneira de "preservar", de manter a forma de ligação com o objeto primário.

No texto "A negação", publicado em 1925 — texto este que assumiu grande importância no campo analítico —, Freud comenta a maneira como aparece essa "via de mão dupla" no discurso dos analisandos. Ali, ele trata da negação como um elemento privilegiado da emergência do inconsciente em análise — ou seja, da emergência, num só elemento, da ligação entre função simbólica e representante pulsional. Sua análise dizia respeito à seguinte fala de um analisando: "O senhor me pergunta quem poderia ser essa pessoa do meu sonho. Certamente não é minha mãe." Ao que o autor observa que se pode afirmar que se trata justamente da mãe.

Por que será que Freud diz isso? Não é questão de simplesmente indicar que ali o analisando tenta "esconder" algo, como algum sentimento proibido em relação à mãe. Trata-se, muito mais, de ressaltar a função da negação como a manifestação, numa fala, da ligação entre representação simbólica e pulsão. A fundamentação da colocação do autor está no texto e envolve alguns desdobramentos da função da negação. Com essa função, Freud busca um certo enlace da representação com algo originário do psiquismo na infância: a constituição do dualismo dentro/fora; corpo/objeto; realidade psíquica/mundo externo. O signo da negação — "não é eu" — é essa constante que vai marcar tal separação/diferenciação. No entanto, não é uma operação somente com representações ideativas, mas com signos que tomam por suportes as sensações de prazer e desprazer. Assim, o desprazer será situado como "não eu" mesmo que venha a incidir sobre uma parte do corpo. Ao mesmo tempo, o prazer será situado como "eu" ainda que incida sobre signos externos, como o seio da mãe, por exemplo. Logo, não se fazem diferenciações objetivas, mas da própria constituição da realidade psíquica — que será fundamental na maneira como a criança poderá constituir uma forma de relação com a realidade material.

É também por causa desse hibridismo nas condições de representação — em que os representantes simbólicos contêm também representantes pulsionais (prazer/desprazer), ou seja, signos de experiências corporais — que a realidade não é nada objetiva. O que conhecemos por *realidade* resulta dos mesmos elementos com os quais construímos os sonhos. Pode parecer curioso, mas nossas percepções — ou seja, o que registramos do nosso meio ambiente — dependem dessas condições antes descritas. Do amplo espectro de estímulos que recebemos, registramos somente aqueles que temos condições de reconhecer, a partir das marcas deixadas por nossa experiência. É assim que também em nosso despertar construímos uma maneira de continuar sonhando.

Sonho e realidade

Na abertura do capítulo em que se dedica a pensar a psicologia dos processos oníricos, no livro *A interpretação dos sonhos*, Freud relata um episódio impactante. É uma narrativa que lhe vem em terceira mão, acontecida com pessoas que ele não conheceu. Um pai que velava seu filho morto deita-se um pouco numa sala ao lado de onde acontecia o velório, deixando um velho em seu lugar. Depois de algum tempo, sonha que o filho se aproximava da cama em que estava, tocava-lhe no braço e lhe dirigia uma frase em tom de censura: "Pai, não vês que estou queimando?" Acorda sobressaltado e vê um clarão na sala ao lado: uma vela caíra, fazendo com que a roupa do cadáver pegasse fogo. O velho que cuidava dele dormira.

Nesse sonho, o que chama a atenção de Freud é seu caráter muito direto, quase sem encobrimento, como se fosse uma simples repetição da realidade que acontecia na peça ao lado. Freud pondera que, se algum desejo se realiza ali, é o de prolongar a vida do filho morto, reconstituindo sua presença em sonho.

Já para Lacan esse sonho revela uma certa relação constante entre realidade e repetição. Lacan argumenta que não se trata simplesmente de um prolongamento da vida do filho; o fundamento do sonho está na frase "Pai, não vês...?" Essa frase interpreta o sonhador: ele dormira naquele momento, talvez repetindo sua ausência junto ao filho, quando este ainda vivia. É um sonho que interpela a falha do pai num momento crucial de seu lugar como pai e que o situa em relação à morte do filho. A repetição em causa no acontecimento é da ordem de um encontro (do termo grego *tiquê*): um encontro com o "ponto mais cruel" da perda do objeto.

Com essa referência, Lacan acrescenta um elemento fundamental na construção do sonho, elemento que não estava ainda em Freud e que diz respeito ao desejo. Para ele, se podemos afirmar, com Freud, que esse sonho confirma a teoria do desejo, é porque ele não é simplesmente uma fantasia que preenche algo a que se aspira. O sonho coloca em ato não somente o signo de um objeto que move o desejo, mas, fundamentalmente, um mais-além que aponta nossa falta mais radical. Essa falta, experienciada nas relações primárias, é resultante da nossa referência à linguagem e acarreta a perda de uma referência mais direta a ciclos naturais. Como seres de linguagem, nos distanciamos irrevogavelmente da natureza. Corriqueiramente, na construção de nossa realidade, essa falta precisa estar encoberta. O encobrimento permite uma certa constância de nossa percepção das coisas. Quando essa constância não acontece é que se produz o "encontro" do sonho, que Lacan designou como encontro do real. Este último termo permitiu ao autor produzir um diferencial em relação à realidade. Como vimos, esta é recoberta pela realidade psíquica, que resulta de nossas condições de representar percepções. O real, pelo contrário, é o avesso do recobrimento. É da ordem desse encontro tematizado no sonho acima.

Em algumas passagens de seu seminário *Os quatro conceitos fundamentais da psicanálise*, Lacan analisa a tênue fronteira que se inscreve entre o sonho e o que registramos da realidade material. Ali, seu diálogo é com a fenomenologia — com Maurice Merleau-Ponty —, justamente detendo-se na abordagem que a psicanálise pode fazer da percepção. Lacan lembra da parábola de Chuang-Tsé, que sonhou que era uma borboleta e que, quando está acordado, se pergunta se não é a borboleta que está sonhando que é Chuang-Tsé. Em quantos momentos essa pergunta não ocorre a muitos de nós? Se nossa "realidade" está diretamente relacionada com uma realidade psíquica, como diferenciar uma da outra?

Pois bem, a diferença principal está em que o despertar nos joga na captura, que é nossa vida cotidiana, na busca de sermos amados. O sonho mostra em estado bruto os efeitos de nossos laços pulsionais. Como bem situa Lacan, o sonho *mostra*, como um *isso*, termo pelo qual Freud denomina a instância das pulsões. Nesse caso, as demandas de amor, sempre em causa quando estamos acordados, não estão colocadas. Essa seria a diferença entre a vertigem metonímica do sonho, num deslocamento incessante de nossos traços de memória, e o aprisionamento na repetição que o despertar coloca em causa. Bem entendido, o que lembramos do sonho não é o próprio sonho — já significa o despertar. É também nessa medida que a narrativa do sonho interessa à psicanálise, como efeito de enlace entre pulsão e demanda de amor.

A linguagem do sonho

Não há dúvida de que a expressão do sonho é muito curiosa e desafia todas as concepções existentes, mesmo as psicanalíticas. Augúrio dos deuses que interpela nosso destino? Em alguma medida sim, visto que contém os traços de nosso lugar objetal, que se repetem do nascimento à morte e que colocam em causa nossa máxima derrisão, nossa insuficiência maior, nosso desamparo. Efeito neurológico do dormir? Certamente. Freud nunca eliminou de suas considerações as variáveis orgânicas, mantendo-as sempre como um elemento que faz parte da constituição da realidade psíquica. Mas, então, como se constrói o sonho? O que está implicado na sua maquinaria? Pode o sonho ser considerado uma forma de comunicação, como querem os leitores de destino, ou mesmo ser considerado uma forma de linguagem?

A proposta freudiana do sonho como uma expressão do inconsciente teve inúmeras repercussões, inclusive no campo das artes. A corrente do surrealismo, que ganhou relevância e abrangência na literatura e nas artes plásticas, teve seu modelo na produção onírica. A associação livre, que continua sendo a regra para a fala do analisando, em alguma medida tenta reproduzir um enlace onírico. Esse método foi bastante empregado pelos surrealistas na produção de suas obras. Tanto Salvador Dalí quanto André Breton — este último responsável pelo *Manifesto surrealista* — tiveram encontros com Freud, buscando que o psicanalista reconhecesse o método surrealista como derivado das construções que a psicanálise fazia sobre os sonhos. No Brasil, foi por meio dos modernistas que a psicanálise primeiro aportou, chegando antes como arte que como clínica.

Freud tentou deslindar a peculiaridade da linguagem onírica. Sua primeira aproximação foi a proposta de entender o sonho como um *texto* que apresenta um *conteúdo manifesto*, resultado de sua elaboração, e um *conteúdo latente*, apenas no inconsciente. Assumindo essa comparação, o sonho passa a ser um texto portador de uma mensagem não-explicitada que o autor liga à escrita hieroglífica ou mesmo à chinesa. A singularidade dessas escritas é a de preservarem um certo signo da imagem que vieram a substituir. Nesse sentido, são próximas ao desenho, na medida em que trazem também imagens/signos. Nossa escrita não manteve ligação com o desenho: os signos que representamos não trazem em si uma imagem. A única condição de que esta se constitua é de representarmos o som da leitura. Assim, ao associar o sonho a um texto e este a uma escrita hieroglífica, Freud propõe uma decifração, como resultado de uma leitura, visto que se trata de um texto. Com isso percebe-se que, na psicanálise, diferentemente de outras abordagens, o sonho deve ser lido.

Apesar de reconhecermos o sonho como um texto, sua mensagem não é direta: seus elementos não têm correspondência imediata com aqueles da vida desperta. Assim, os personagens não correspondem exatamente aos mesmos de quando estamos acordados. O grande enigma para um psicanalista é poder reconhecer onde, no relato, está representado o sujeito. Ele não está necessariamente onde se imagina. Todos os elementos do sonho, em alguma medida, representam o sonhador. Também não é como imagem que o sonho vai ser trabalhado numa análise, mas sim como fala veiculada por aquele que sonhou. Essa fala é tomada, pelo psicanalista, como *leitura* do sonho. Ou seja, está sujeita aos tropeços homofônicos das letras e não corresponde ao sentido identitário que buscamos constituir na construção psíquica de nossa realidade.

Freud não desenvolveu, no seu tempo e com os recursos de pensamento de que dispunha, todas as conseqüências da proposta do sonho como um texto. Ele faz duas aproximações interessantes: primeiro, como já mencionamos, a relação com escritas criptográficas (hieróglifos e ideogramas chineses, escritas que guardam sua relação com imagens); segundo, a produção do sonho como submetida a leis de *condensação* e *deslocamento*.

Na *condensação*, um único elemento do sonho é resultante de uma ampla rede de associações. Estas somente aparecem quando o sujeito deixa correr o pensamento, de elemento em elemento, até que a série de conexões mostre suas relações com o sonhado. Para exemplificar, Freud relata a análise de um sonho seu que ficou conhecido como sonho da "monografia botânica". Segue o texto:

> Escrevi uma monografia sobre uma espécie (indeterminada) de plantas. Tenho o livro em minha frente e volto neste momento à página na qual se achava aberto e que contém uma lâmina em cores. Cada exemplar ostenta, à maneira de um herbário, um espécime dissecado da planta.

Esse sonho chama especial atenção de Freud por ser simples e, ao mesmo tempo, conter uma grande rede associativa que ele desdobra na sua escrita. Dos elementos "monografia" e "botânica" partem caminhos que se cruzam e levam a duas questões que eram sensíveis para Freud no momento: a crítica que suas obras receberam de colegas e suas pesquisas com a cocaína (o quão custosas as mesmas acabaram sendo para ele!). Como se percebe, tanto a rede associativa quanto as deduções de sentido a que o autor chega não estão de forma nenhuma no texto explícito do sonho. Essa peculiaridade de análise é muito própria à psicanálise. Suas condições escapam a chaves interpretativas *a priori*, sejam coletivas (mesmo da teoria) ou individuais. O trabalho de análise, em que vão entrar também os sonhos, é um trabalho de construção no momento mesmo da sessão. Ele não se antecipa ao acontecimento da mesma.

A outra lei que o autor propõe como submetendo o sonho à deformação é o *deslocamento*. Nesse processo, o que adquire relevância como produto final são expressões que não têm relação direta com o conteúdo latente. Um dos traços desse conteúdo pode provocar associações por contigüidade, por exemplo. É o caso de "botânica", elemento do qual partem muitas séries associativas, mas que não tem nenhuma relevância, representando somente um detalhe da preocupação da qual o sonho é resultante.

Em relação ao tema da linguagem, foi Lacan quem trouxe as principais inovações à psicanálise. Esse autor chega a dizer que o advento da lingüística mudou radicalmente o conceito de inconsciente. Isso porque, segundo sua concepção, o inconsciente é estruturado como uma linguagem. Esta é subsidiária da construção dos sonhos. Também as relações entre linguagem e texto do sonho se modificam a partir das abordagens lacanianas. Ele introduz uma concepção inovadora quando propõe, já em seus primeiros trabalhos, uma *instância da letra* no inconsciente. Percebemos, aqui, que nossos sentidos corriqueiros de *letra* e de *inconsciente* são completamente subvertidos. Por inconsciente nosso senso comum forma a imagem de uma idéia "escondida" — como um desejo que tem seu objeto correspondente. Como entraria aí a idéia que fazemos das letras? *Instância da letra no inconsciente*, então, não corresponde a nada de nosso senso comum. O que significa isso? Em que se diferencia das abordagens freudianas?

As abordagens freudianas implicaram rupturas radicais, que precisaram de tempo de elaboração para que pudessem ser desdobradas em todas as suas conseqüências. Essas rupturas tiveram incidência tanto na relação com um racionalismo positivista quanto na posição da ciência e em sua concepção do determinismo biológico. Mesmo que Freud tenha rompido, por vezes suas propostas refletem enlaces com um pensamento anterior. Assim também sua primeira concepção de inconsciente, que traz a descrição dos mecanismos de construção dos sonhos.

Lacan renomeou os mecanismos de condensação e deslocamento — organizadores da linguagem onírica — de *metáfora* e *metonímia*, respectivamente. Trata-se simplesmente de um novo batismo dos mesmos mecanismos? Em parte sim, mas não somente isso. Com o "re-batismo" Lacan ligou sua denominação de *estrutura de linguagem* com o desenvolvimento da lingüística. Mas também encontramos algo mais aí. Quando Freud propôs as leis de condensação e deslocamento, algo ainda o condicionava: a idéia de um inconsciente que pudesse ser "revelado". É isso que se encontra embutido na proposição de um "conteúdo latente", responsável pela produção do sonho, e um "conteúdo manifesto", que resulta no texto do sonho. Temos, a partir disso, dois textos, onde um (conteúdo latente) interpreta o outro (conteúdo manifesto). A impressão de absurdo que o sonho nos passa seria resultante da censura, que deforma o conteúdo latente porque o mesmo nos traz desejos que não queremos reconhecer.

Lacan radicaliza as propostas freudianas. Ao designar como *metáfora* e *metonímia* os mecanismos de constituição das formações do inconsciente (onde o sonho se posiciona), ele não propõe dois textos (latente e manifesto). Ele simplesmente sugere que essas formações estão submetidas às corriqueiras leis da linguagem. Ou seja, elas não passam por nenhum processo deformador que não seja o da própria linguagem. De alguma maneira ele expressa que o que tanto impressionou Freud no processo do sonho — como constituindo um produto "deformado" — nada mais é do que a operação das próprias leis da linguagem: a metáfora, onde uma significação é substituída por outra a partir de uma relação de semelhança (como em "a primavera da vida", por exemplo); e a metonímia, onde se toma a parte pelo todo ("uma vela", para falar de "um barco a vela", por exemplo). Assim, a *deformação* resulta da própria linguagem que *deforma* o real, constituindo uma *outra cena*, com leis e desígnios próprios.

Mas se é assim, se esse produto nada mais é do que o resultado de um elemento que nos é tão familiar (nossa linguagem), por que o sonho nos parece tão estranho e por vezes absurdo? Nele vamos encontrar outro elemento da proposta lacaniana: a instância da letra no inconsciente. Lacan denominou de letra, na posição do inconsciente, o lugar do encontro de elementos heterogêneos: a expressão da junção entre corpo e linguagem. Ela se inscreve na borda entre esses elementos. Por isso também essa aproximação entre o sonho e uma escrita pictográfica, porque esta contém traços da imagem do corpo.

Como se sabe, a linguagem surge como uma forma de descrever o real. Mas, apesar dessa aproximação de origem, logo após o surgimento ela constitui um sistema próprio. Assim, torna-se independente do objeto em que primeiro se "apoiou", constituindo, em si mesma, um sistema fechado e autônomo. No entanto, é pelos seres falantes, que emprestam seus corpos aos símbolos criados pela cultura, que língua e real continuam a fazer pontes e constituir enlaces. É impossível subsumir um sistema no outro, assim como é impossível que os mesmos se tornem completamente independentes.

A letra na posição do inconsciente mantém essa ponte entre heterogêneos, como um litoral limita água e terra. Por essa razão as formações do inconsciente nos parecem absurdas, porque não pertencem nem a um sistema nem a outro. São uma maneira de registrar nossos produtos pulsionais —

que resultam da desnaturalização de nosso corpo submetido à linguagem — fazendo um enlace com as leis da própria linguagem. Esse enlace somente é possível na medida em que fazemos com que esses produtos sejam endereçados a nossos laços amorosos. Por essa razão a humanidade sempre procurou a significação dos sonhos: eles designam que temos de ser algo *para um Outro* (deuses, destino, ciência, ou, simplesmente, nosso amor mais próximo).

Sonho de angústia

Na seção anterior situamos um diferencial entre Freud e Lacan que nos leva por caminhos distintos na análise das formações do inconsciente, na medida em que ali as concepções de inconsciente não têm o mesmo fundamento. No entanto, mesmo em Freud é preciso indicar posicionamentos distintos ao longo da obra. A suposição de um inconsciente "revelado", no qual o sonho constituiria um texto resultante de uma censura à realização de desejos, trouxe algumas dificuldades de análise ao autor. Uma delas dizia respeito a sonhos onde o foco era o desprazer, sem que o mesmo fosse resultante da censura a um desejo encoberto. Freud saiu-se, por seu lado, com o pensamento de que o desejo em questão poderia situar o sujeito como masoquista, onde o desprazer seria o desejado. Outro elemento que produziu desacerto nesse primeiro posicionamento freudiano eram os sonhos de angústia. A grande indagação que o autor se fazia era como ficava sua suposição do sonho como realização de desejo nesses casos.

As inquietações de Freud não se restringiram ao domínio dos sonhos; elas produziram grandes modificações nas bases de sua doutrina. Em relação ao nosso tema, dois desdobramentos interessam: o da angústia e o da repetição. Pode-se constatar duas proposições sobre a angústia na obra freudiana. Na primeira, subsidiária do suposto domínio do *princípio do prazer* no psiquismo, a angústia era pensada como uma espécie de "escoamento" de uma libido não-canalizada, ou, mais propriamente, não "ligada" a alguma representação que permitisse, como substituta, a realização do desejo. Assim, pelo recalque de uma representação pulsional insuportável para a consciência, a libido, que a ela estava ligada, ficaria sem suporte e seria transformada diretamente em angústia.

Como se percebe, o motor dessa idéia é o império do *princípio do prazer*, que precisaria promover, de alguma maneira, a realização de desejo. Pressupõe-se, também, um sentido econômico estrito: a libido — energia psíquica — precisa de escoamento. Se este não acontece, provoca angústia. Temos, aqui, uma referência temporal em relação ao recalque: é este que provoca angústia, a qual surge como um efeito do recalcamento. Alguns pós-freudianos fundamentaram suas propostas teóricas nesse princípio.

Já na segunda proposição, a relação temporal se inverte: não é mais o recalcamento que produz angústia, mas a angústia que é motora do recalcamento. Assim, o ponto de vista econômico — que, de certa forma, tem grande relevância sob o suposto domínio do *princípio do prazer* — muda de sentido.

Esta inversão temporal não é um simples detalhe. Ela coloca em causa uma reversão nas bases da teoria freudiana, nas quais estava fundamentado o entendimento dos sonhos. Essa modificação diz respeito à teoria pulsional, e Freud a situou em um mais-além do *princípio do prazer*. Esse mais-além reorienta a angústia e a repetição do trauma nos sonhos. São questões bastante complexas, das quais trataremos apenas parcialmente, o suficiente para apresentar o tema em estudo. A base desse desenvolvimento é de que não é somente o *princípio do prazer* que orienta as pulsões, mas, para além dele, o que Freud denominou *pulsão de morte*. Esse conceito surgiu para explicar o que na clínica se apresentava como compulsão à repetição: algo que move o sujeito a repetir situações ou atos que lhe provocam desprazer. Assim, a repetição implica o determinismo da busca do sujeito por um para-além do prazer. Essa busca interpela o sujeito nos próprios fundamentos da simbolização.

Como conseqüência dessa reorientação teórica, a angústia ganha outra abordagem no trabalho clínico. Ela se apresentará, então, como uma condição necessária para a constituição dos sintomas. Freud dá-lhe o estatuto de um sinal que move as defesas do psiquismo. Para ele, a angústia surge como efeito da castração, tomando seu modelo no desamparo constante das primeiras experiências depois do nascimento.

É com Lacan que essa faceta da angústia será melhor situada. Para esse autor, a experiência da falta — que ele denominou de castração simbólica, dando-lhe abrangência maior que uma referência exclusivamente edípica — é suporte da construção do psiquismo, entendido este como formações simbólicas que sustentam o sujeito em sua vida. A proposta lacaniana supõe duas coisas: primeiro, é necessária a experiência da falta para que o sujeito possa livrar-se de um atrelamento muito alienante, resultante de suas relações primárias. Segundo, a angústia é sinal de que essa experiência da falta pode não acontecer. Logo, de certa maneira, a angústia é promotora de movimentos de separação, de simbolização.

Pelo exposto, o sonho de angústia contém, em si mesmo, a colocação em ato desse mecanismo. No momento do sonho em que o lugar onde está situada a falta pode vir a "faltar", surge a angústia. Isso é bastante freqüente em sonhos fóbicos, nos quais se repetem os principais promotores de angústia de quando o sujeito está desperto, seja em relação a animais, ao espaço, a movimentos corporais. A fobia — que Freud denominou de neurose de angústia — é uma formação sintomática que coloca em causa mecanismos primários de diferenciação. Esses mecanismos demonstram que os sintomas resultam de uma peculiar forma de simbolizar, própria aos falantes que somos. Resultam de uma tentativa de subsumir elementos heterogêneos, como são corpo e linguagem, tentativa esta que busca jogos de equivalência e substituição. Freqüentemente, vemos como as principais balizas que suportam nosso corpo, diferenciando-o no espaço, suportando-o no movimento, em relação ao outro ou aos animais, entram em causa nas formações fóbicas. A angústia é um afeto que provoca o movimento para essa diferenciação.

Assim, sonhos de angústia acompanham toda uma vida, mesmo que possam ser mais freqüentes em alguns períodos. Costumam provocar o despertar, com alterações corporais (suores, taquicardia etc.). Apesar de suas construções serem singulares a cada sujeito, encontramos repetições de sonhos típicos, como alguns em que aparecem bichos ou insetos, por exemplo, ou nos quais a pessoa não consegue movimentar-se, com uma paralisia do corpo etc. Bem entendido: nem sempre sonhos como os citados provocam angústia, e esta pode surgir em muitos outros sonhos distintos.

Sonho de repetição

O texto em que Freud propõe um mais além do *princípio do prazer* precisou de muitos anos para ser entendido e valorizado. Contém uma idéia que contraria nosso senso comum, dizendo respeito a uma posição masoquista que implica ter satisfação na dor. Freud ampliou o conceito de masoquismo, tirando-o do âmbito exclusivo das perversões, e propondo um *masoquismo originário* — quando o bebê não se sustenta sozinho, sendo objeto de cuidados e suposições da mãe (que investe o bebê com suas representações). Freud denomina essa posição primária de masoquismo erógeno, pela razão de tratar-se de uma posição objetal que, ao mesmo tempo, marca erogenamente o corpo do bebê. Essa marca será suporte de repetições tardias.

O caminho pelo qual Freud chegou à proposição acima mencionada é muito interessante. Deu-se a partir de uma convergência de situações que criavam impasses na condução de sua clínica, com rupturas sociais do pós-guerra. O autor traz, no texto de 1920, algumas situações para fundamentar sua tese e que propõem uma releitura do trauma. A primeira delas concerne aos sonhos de repetição. Sua pergunta incide sobre a peculiaridade desses sonhos, que parecem não trazer nenhuma elaboração surgindo como uma repetição muito "realista" de situações traumáticas vividas, como um retorno da situação, sem modificações. Duas indagações se impõem: primeiro, que caminho tomaria a elaboração onírica nesse caso? Segundo, se o sonho não se "deforma" para camuflar o desejo, a serviço de quê ele estaria se produzindo? Afinal de contas, o que estaria em causa na repetição compulsiva de situações desprazerosas e até mesmo traumáticas?

Elucidar todas essas indagações não é simples, na medida em que muito já se produziu a esse respeito, e demandaria desenvolvimentos que ultrapassam o objetivo deste trabalho. Dentro da produção em psicanálise, dois extremos acabam se encontrando: a abertura freudiana — que descreve a clínica da compulsão à repetição — e a proposta lacaniana sobre os gozos. Não são temas simples, mas tentaremos algumas aproximações que podem abrir ao leitor vias de elaboração. Tomemos o sonho de repetição do trauma como o ponto onde essas propostas podem se encontrar e de onde podem partir, com desdobramentos próprios.

Para os seres falantes que somos o traumático não obedece a padrões preestabelecidos. Situações de violência nem sempre são traumáticas, mas o fato banal de não encontrar um olhar, num momento específico, pode ser traumático para alguém. Por outro lado, os traumas sociais nem sempre produzem rupturas subjetivas, mesmo que possam causar profundos efeitos na vida de cada um. Por essa razão, por escapar ao senso corriqueiro, é importante apresentar o que a psicanálise entende por trauma. Entendem-se assim os momentos de ruptura dos referentes que orientam o que Freud denominou realidade psíquica, impedindo que os mesmos tenham condições de substituição. São esses referentes que estão em causa nas formações do inconsciente e na construção dos sintomas, ou seja, nos elementos de defesa psíquica. As rupturas dessa ordem não vêm somente do que pode ser entendido como *realidade material*, segundo a expressão freudiana. Elas podem se apresentar em passagens da vida em que são testados os recursos psíquicos de que cada sujeito dispõe para refazer seus referentes, substituindo-os. Essas passagens são corriqueiras e acontecem com todos: adolescência, maternidade/paternidade etc. Mas, apesar de corriqueiras, para alguns esses são momentos de rupturas sem substituição.

Feito esse preâmbulo, numa maneira de apresentar sinteticamente a questão, pode-se observar que momentos de ruptura radical costumam provocar alterações no sono. De início, as mesmas surgem como uma dificuldade para dormir, ou mesmo insônia; logo depois — estendendo-se por largo período — podem surgir sonhos de repetição. A lição que tiramos desses episódios é que a elaboração onírica resulta de uma mediação necessária para suportar o real, inscrevendo um traço separador entre a percepção e o lugar do sujeito. Sonhar é a possibilidade de inserir um diferencial entre um lugar de sujeito e a posição de objeto no mundo e nas relações. Por essa razão, os sonhos sempre nos provocam a impressão de enigmas, na medida em que transformam o que foi vivido.

Os sonhos de repetição do trauma, mesmo que pareçam não conter elaboração, cumprem a função de reconstituir a capacidade elaborativa. Sua insistência inscreve um diferencial no acontecimento, sendo a precondição de um esquecimento necessário. Por meio do recalcamento, o sujeito constrói uma outra cena, motor da elaboração do mundo tal qual o conhecemos. Dessa maneira, a repetição é sempre diferencial, ou seja, é uma maneira de produção e inscrição de uma falta, como já foi abordado anteriormente. No entanto, cabe acrescentar que as repetições apóiam-se nas diferentes estruturas psíquicas, bem como em diferentes situações. Logo, seus efeitos são singulares.

Sonhos clássicos no ensino da psicanálise

No seu ensino, grande parte dos psicanalistas se vale praticamente dos mesmos sonhos e dos mesmos casos clínicos — todos de Freud —, apesar de passados mais de cem anos de prática e da formação de algumas gerações de psicanalistas. Essa constatação é bastante curiosa. Será que nada mais de interessante aconteceu depois disso?

Muito da responsabilidade pela manutenção dessa prática de ensino cabe a Lacan. Foi ele quem reescreveu a clínica freudiana, e essa reescritura implicou passar pelo desejo de Freud. Lacan propunha o desejo do analista enquanto parte do campo investigado. A indagação pelo desejo do fundador da psicanálise promove a reinscrição — a cada ato de transmissão — do próprio campo da psicanálise. Na verdade, Freud já adianta isso ao trabalhar com seus próprios sonhos. Esse movimento inicial se enlaça à constatação de que é necessário passar por um processo de análise para se formar analista.

As construções dos conceitos da psicanálise foram se fazendo à medida que Freud nos transmitia seu próprio percurso de análise. Os sonhos que servem de exemplo são basicamente seus também; os casos que estudamos e ensinamos tratam de impasses nas análises que ele conduzia. Ou seja, são elementos que ensinam na medida em que trabalham com uma falta, e que nos permitem pensar a partir dos impasses que a clínica coloca. Na psicanálise, um modelo sem falta não serve ao ensino. Assim, os sonhos com os quais exemplificarei este livro são de Freud, tanto quanto de análises que ele nos legou. A seguir, destacarei alguns poucos para exemplificar as formas de análise de sonhos que ainda estudamos, e que são textos sempre abertos a novas interpretações.

Como Freud foi o fundador — não encontrou um psicanalista antes dele que se propusesse a formar outros —, sua análise deu-se de forma peculiar. Temos testemunho dela na correspondência que trocou, durante alguns anos, com seu amigo Wilhem Fliess. Este serviu a Freud como um lugar ao qual endereçar suas interrogações e construções — um lugar que fez as vezes de uma transferência necessária à sua análise, mesmo que Fliess não fosse psicanalista. Essa correspondência incluiu desde relatos e análises de sonhos, inquietações pessoais, até descobertas e elaborações da psicanálise. E, o que é curioso, Freud não distinguia esses registros, passando de um a outro sem diferenciá-los. Ou seja, ele tomava suas produções não como algo pessoal, mas como formações do inconsciente, logo, um material dedicado à construção da psicanálise.

Numa carta de 12 de junho de 1900, Freud pergunta a Fliess se no futuro não se colocaria uma placa na casa de Bellevue, na qual costumava passar temporadas com sua família, onde estaria escrito: "Aqui, no dia 24 de julho de 1895, revelou-se ao doutor Sigmund Freud o enigma dos sonhos." A referência implícita dizia respeito a um sonho que havia tido nessa data e ao qual dedicara minuciosa análise no livro *A interpretação dos sonhos*. O estímulo do sonho provinha do dia anterior, de uma visita que lhe fizera seu amigo Otto, trazendo-lhe notícias de uma antiga paciente sua. Freud deu-lhe o nome de Irma. Desse encontro ficou a Freud uma impressão desagradável, de que Otto o censurava pelo tratamento de Irma não ter tido completo êxito. Essa impressão estava ligada a autocensuras de Freud.

O tratamento de Irma foi complicado por ela ser alguém próximo à família de Freud, uma situação nada favorável ao desenrolar do trabalho analítico.

Independentemente de todas as considerações sobre outras referências que contenha, o tema da censura (que não se restringe exclusivamente ao amigo Otto) perpassa vários momentos desse sonho, inscrevendo-se em diferentes registros. Podemos, dessa forma, considerá-lo como propulsor da elaboração onírica. É um sonho denso, de angústia, mas que não provoca o despertar. Segue a narrativa de Freud:

> Num grande salão, muitos convidados que estávamos recebendo. Entre eles Irma, de quem me aproximo para responder, sem perda de tempo, a sua carta e censurá-la por não ter ainda aceitado a "solução". Digo-lhe: "Se você ainda sente dores é exclusivamente por sua culpa." Ela responde: "Se soubesse as dores que tenho agora na garganta, no ventre e no estômago! Sinto uma opressão!" Assustado, contemplo-a atentamente. Está pálida e inchada. Penso que talvez tenha me passado inadvertido algo orgânico. Conduzo-a a uma janela e me disponho a examinar sua garganta. A princípio resiste um pouco, como fazem nesses casos mulheres que têm dentadura postiça. Penso que não a necessita. Por fim, abre bem a boca e vejo, à direita, uma grande mancha branca; em outras partes, singulares crostas cinzas esbranquiçadas, cujas formas lembram os cornetos do nariz. Apressado, chamo o Dr. M. que repete e confirma o exame... O Dr. M. apresenta um aspecto muito diferente do de costume: está pálido, claudica e tem a barba escanhoada ... Meu

> amigo Otto se encontra agora a seu lado e meu amigo Leopoldo ausculta Irma por cima do corpete e diz: "Tem uma área surda abaixo, à esquerda, e uma parte da pele, infiltrada, no ombro esquerdo" (coisa que eu sinto, como ele, apesar do vestido). M. diz: "Não há dúvida, é uma infecção. Mas não tem com o que se preocupar: virá uma disenteria e se eliminará a toxina..." Sabemos também imediatamente de que procede a infecção. Nosso amigo Otto aplicou a Irma, quando esta se sentiu mal, uma injeção com um preparado a base de propil, propilos... ácido propiônico... trimetilamina (cuja fórmula vejo impressa em grandes caracteres). Não se dão injeções desse gênero tão rápido... Provavelmente a seringa estaria suja.

Esse sonho foi extensamente analisado por Freud em diferentes lugares de seu livro, tendo sido retomado detidamente por Lacan em aulas de seu Seminário de 1954-55. Desenvolver qualquer dessas interpretações extrapolaria a proposta deste trabalho. Tomemos delas apenas os pontos principais.

Como já assinalado, o tema que enlaça as associações de Freud é a censura, que ele supõe encontrar no dizer do amigo Otto, tendo ficado como resto diurno provocador do sonho. Como pólo central surge a paciente Irma, que encerrou o tratamento sem ter eliminado todos os seus sintomas. Como no sonho, ela não aceita bem a interpretação que Freud propõe sobre esses sintomas, assim como a finalização do tratamento (com melhoras no estado, mas não completamente) não satisfaz a Freud.

Aquilo que ficou sem resolução retorna, como elaboração onírica, no significante "solução", que, como veremos adiante, é sobredeterminado. Também à personagem Irma vão estar associadas: a) uma amiga de Irma, que Freud pensou que poderia ser sua paciente e que aceitaria melhor suas intervenções; b) a mulher de Freud, que resistiria a ser tratada por ele; c) a filha de Freud, que estivera muito doente; d) uma antiga paciente, com o mesmo nome da filha (Mathilde) e que morrera por excesso de uma medicação que ele lhe prescrevera, o que lhe provocou o pensamento de "uma Mathilde por outra", como uma espécie de pagamento por seu fracasso profissional. De Otto e Leopoldo, que aparecem no sonho, Freud ressalta seus contrastes. Na vida desperta os dois eram irmãos e exerciam a mesma especialidade médica, surgindo, então, como competidores. Freud confiava mais em Leopoldo. Quanto ao Dr. M., sua figura vem associada ao irmão mais velho de Freud, sendo que aos dois se liga uma irritação por haverem recusado uma proposta que Freud lhes fizera recentemente. Freud ressalta ainda uma certa ironia no sonho, por tê-lo feito dizer um disparate de prognóstico. Associa isso a que o médico não estava propenso a aceitar diagnósticos de histeria, tendendo a um discurso médico mais fechado. Freud sugere que o sonho se vinga dele e de Irma pela mesma razão: não aceitar as propostas da psicanálise.

O último elemento associativo a destacar diz respeito ao amigo Fliess, que está no elemento trimetilamina como um derivativo de substâncias sexuais. Como vimos, Fliess era alguém com quem Freud partilhava suas descobertas, supondo que as mesmas tinham algo em comum com temas que o amigo trabalhava. Uma dessas suposições dizia respeito à sexualidade, em relação à qual Fliess tinha uma teoria muito particular, que incluía modificações na secreção nasal e ciclos diferenciais para homens e mulheres.

Assim, Freud liga a construção do sonho à culpa — algo que surge ligado à censura —, e o desejo em causa no sonho seria o de desculpabilizar-se: Irma seria responsável por não ter aceitado a "solução", seus padecimentos não seriam psíquicos e sim orgânicos, e o responsável pelo mal de que ela se queixava teria sido Otto, pela aplicação inapropriada da injeção. Ou seja, fosse da maneira que fosse, nenhuma culpa caberia a Freud.

Lacan retoma esta narrativa considerando o relato do sonho e a análise que lhe segue como um texto único. Dessa maneira, não é o indivíduo Freud que aparece como alvo, mas o texto publicado. Três elementos do sonho vão interessar particularmente a Lacan. Em primeiro lugar, a garganta de Irma, que ele propõe como o encontro com o real. Em segundo, o desdobramento dos personagens, como tríades imaginárias. Em terceiro lugar, a fórmula da trimetilamina, que Lacan propõe como a essência do simbólico, em sua face de ausência de significação.

Essa proposta de análise de Lacan é elaborada sobre os três registros que são suportes do sujeito: real, simbólico e imaginário. De maneira sucinta e aproximada, podemos dizer que o imaginário resulta da representação do corpo (como quando a criança reconhece sua imagem corporal, na descrição de Lacan do estádio do espelho); o simbólico é efeito tanto do código que precede o sujeito quanto do significante que se produz, para cada um, na clínica; e o real é um certo encontro do impossível, como um furo do simbólico.

A referência aos registros surge muito cedo na obra de Lacan, mas sua abordagem foi sempre se modificando, com o intuito de afinar uma linguagem que transmitisse a clínica de forma mais precisa. Nos últimos desdobramentos, o autor insiste sobre o anodamento borromeano dos três registros. O nó borromeu é o encaixe de três aros — representantes de real, simbólico e imaginário — de tal maneira que se qualquer um deles se romper todos se soltam. O fundamento dessa proposição é que os acontecimentos na clínica resultam do modo como os registros se enlaçam. Ou seja, é uma forma tanto de desnaturalizar os referentes da psicanálise quanto de centrar a abordagem da clínica como procedendo a *operações* de corte e enlace. Entre a nomeação dos registros e a abordagem dos nós há toda uma elaboração que muda radicalmente a proposta inicial.

A análise lacaniana do sonho de Irma tem particular interesse na apresentação que fazemos aqui. Para Lacan, além de se tratar de um sonho daquele que inaugurou um novo campo, é também, em si, um sonho de fundação — "sonho inaugural", no seu dizer. Freud também tem esse sentimento, que aparece na brincadeira verdadeira que faz com Fliess a propósito da placa que seria colocada na casa de Bellevue. A produção onírica contém uma complexidade de elementos e transpõe situações que normalmente provocariam fechamentos. É o caso do encontro com a garganta de Irma, encontro com um certo horror que poderia ter provocado o despertar. Nas associações, uma conjugação de sexo e morte, onde o feminino aparece em todas as suas formas. Que essa representação surja na garganta tem toda importância: Freud escutou a fala das histéricas, na suposição de um "segredo" do feminino, algo que pudesse conjugar origem e descendência.

Um outro elemento que interessa a Lacan é o desdobramento do imaginário que acontece a partir do encontro com a garganta. Ou seja, Freud é destituído por uma série de personagens que passam a se ocupar de Irma, substituindo-o na função. É o momento dos bufões, das falas sem sentido, naquilo que Lacan denominou de imisção de sujeitos: uma decomposição do imaginário, caracterizando uma fala de ninguém.

Lacan retoma uma pergunta de Ernest Jones: por que Freud não desperta no momento do encontro com a garganta? A suposição de Lacan é de que é um sonho de transmissão: o que permite a Freud continuar sonhando é endereçar o enigma do sonho aos futuros analistas, sendo o sonho um representante da dedicação de uma vida à psicanálise. Como resposta ao encontro com o inominável — o real que é carne, que é resto da garganta —, uma fórmula (trimetilamina, que não diz nada) que produz enigma, em si a essência do simbólico: aquilo que leva os falantes a produzirem cultura. Essa foi a aposta de Freud.

Sonho e cena primária

Outro sonho que retorna insistentemente no ensino da psicanálise é o de um paciente de Freud, Serguei Pankejeff, um jovem de origem russa que ficou conhecido no meio analítico como "Homem dos Lobos". Foi uma análise cheia de impasses e que fez Serguei freqüentar outros analistas, depois que Freud encerrou seu trabalho com ele. É um exemplo dos momentos em que Freud tenta resolver suas dificuldades por meio da escrita, e muito importante por ainda estar aberto ao nosso trabalho. Também é preciso ser dito que o caso, em si, era difícil: Serguei vinha de vários anos em sanatórios alemães e, quando Freud aceita tratá-lo, já padecia há mais de dez anos. O que vai ocupar Freud na escrita do caso são os elementos que estavam em causa nas crises de angústia acontecidas na infância, sendo que o trabalho se apóia basicamente num sonho. É nele que Freud situa o enigma que deu partida à construção da fantasia e, por conseqüência, da neurose. Serguei o sonhara na infância, entre três e cinco anos, trazendo-o para uma análise detalhada com Freud. Segue o relato:

> Sonhei que era noite e estava deitado em minha cama (que tinha o pé voltado para a janela, através da qual se via uma fileira de velhas nogueiras. Sei que quando sonhei era uma noite de inverno). De repente, a janela se abre sozinha e vejo, com grande sobressalto, que nos galhos da grande nogueira que se ergue diante da janela há, empoleirados, alguns lobos brancos. Eram seis ou sete, total-

> mente brancos, e mais pareciam raposas ou cães de tocar gado, pois tinham caudas grandes como as raposas e orelhas empinadas como os cães quando pressentem algo. Tomado de terrível medo, sem dúvida de que seria comido pelos lobos, comecei a gritar... e acordei. Minha babá acudiu para ver o que me acontecia, e demorei muito a me convencer de que se tratava somente de um sonho, tão clara e vividamente havia visto abrir-se a janela e os lobos pousados na árvore. Por fim me tranqüilizei, como me sentindo salvo de um perigo, e voltei a dormir.

Freud toma o sonho como a representação do paciente olhando o coito dos pais. Em psicanálise denominamos essa representação de *cena primária*. Muito do trabalho de análise gira em torno de construções secundárias, que resultam da elaboração dessa cena. É a partir dela que se constrói uma fantasia fundamental, que retorna insistentemente na produção de representantes psíquicos. Muitos sonhos, assim como sintomas, resultam dessa tentativa de elaboração. Há algo, na referência a essa cena, que permanece irrepresentável e que insiste como trabalho psíquico ao longo da vida. Pode-se entender a razão se pensarmos que ali se coloca em causa nossa origem. No entanto, a possibilidade de elaborar esse tema é diferente para cada um. Para Serguei, os muitos impasses em sua vida fixaram-se nesse irrepresentável, tal qual a fixidez do olhar dos lobos do sonho.

O que, no sonho, fez Freud tomá-lo como representante da cena primária? Isso se precipitou das próprias associações do paciente. Primeiro, as mais imediatas, diretamente dedutíveis do sonho, dizendo respeito à fobia infantil. Serguei sofreu crises de angústia na infância, as quais relacionava com o temor de uma estampa com o desenho de um lobo, com a qual sua irmã fazia questão de ameaçá-lo. No trabalho que procede com Freud, o sonho mostra-se como produto da condensação de dois contos infantis: "Chapeuzinho vermelho" e "O lobo e os sete cabritinhos". A estes, liga-se o elemento "ser comido", essencial no desenrolar das histórias e que surge como motor do medo no sonho. A história dos cabritinhos emprestou o número de lobos da narrativa do sonho. Essa temática do medo da infância trazia também o componente do temor à castração, no qual a figura do pai desempenhou lugar central.

Não é somente do surgimento do temor à castração — nas primeiras associações derivadas do sonho — que Freud se vale para interpretar a cena primária. Há também uma explicação do próprio paciente, tempos depois, sugerindo que a passagem em que aparece a repentina abertura da janela poderia referir-se a uma representação simbólica dele abrindo os olhos. Outro elemento a que Freud dá importância é a sensação de realidade que o paciente diz ter sentido. Freud sugere que essa sensação está associada a acontecimentos reais, e não somente fantasiados. Fundamentado principalmente nesses elementos (acrescentando-se ainda outros secundários que não exploraremos aqui), o autor propõe que o sonho tratava da tentativa de elaboração do menino de uma cena de coito dos pais.

A riqueza desse caso merece um estudo detido que não poderá ser desenvolvido aqui. A interpretação dessa cena demandou anos de análise, desdobrada em inúmeras associações. Acrescentaremos tão-somente mais uma questão, por surgir como construção importante no trabalho analítico e que esse caso nos ajuda a pensar. Diz respeito ao que, a partir de Lacan, podemos definir como uma ligação entre real e escritura. Cheguemos a isso passo a passo.

Quando Lacan trabalha esse texto, ele propõe o relato do sonho como a cena mesma da fantasia originária. Isso significa encará-lo como um trabalho de escritura, como fundante de uma posição. Podemos reconhecer isso a partir, principalmente, de duas questões. Primeiro, a impressão deixada pelo Homem dos Lobos, a partir do relato em transferência com Freud, é de que se trata de algo acontecido na realidade e não simplesmente fantasiado. Ou seja, algo que traz em seu bojo um real sem encobrimentos. Partindo dessa certeza, Freud propõe uma construção: teria havido uma tarde (por volta de 17 horas), na infância do paciente, em que este estaria no quarto dos pais, por se encontrar doente com febre, e teria acordado repentinamente e visto seus pais numa relação sexual, onde o pai fazia uma penetração anal em sua mãe.

Se Freud — tomado, sem muita distância, no trabalho da transferência — propõe essa construção como realidade, já estamos com avanços suficientes para ressituar a questão. O sonho, ali, é um trabalho de escritura e, nesse sentido, é a produção mesma do real, sem a qual não haveria realidade psíquica, no sentido freudiano. O real não tem correspondência na realidade, mas seu ponto de encontro simbólico permite as precondições para representar uma realidade.

A partir disso, uma leitura do sujeito torna-se possível. Assim se constitui o rébus no sonho.

É essa leitura que o próprio Freud faz da série de elementos que não são simplesmente imagens, tais como os que aparecem na bela interpretação de um sonho bem simples. Serguei diz: "Sonhei que um homem arrancava as asas de uma 'espe'." A intenção do paciente era dizer "vespa" (*Wespe* em alemão), mas sua língua materna (o russo) o faz produzir o lapso. Quando Freud diz-lhe a forma correta, ele acrescenta: "Então 'espe' sou eu: S.P. (Serguei Pankejeff)." Essa é somente uma das passagens onde uma escritura se evidencia, como um rébus, equivalente à escrita hieroglífica, em que temos de passar de um sistema a outro: da imagem ao fônico. Ou seja, a vespa não surge no sonho somente como uma correspondência estrita entre sua imagem e o nome que lhe damos. Ali os registros — simbólico e imaginário — perdem o acoplamento a que estamos acostumados na vida desperta. Assim, "espe" tem efeito significante, produzido a partir de um jogo de letras que provoca, pela fala, séries de palavras associadas homofonicamente.

Um sonho que engana

Temos abordado o sonho como um rébus que precisa de leitura para que um texto se produza. Sua condição literal faz com que a enunciação seja necessária, no sentido de que o jogo fônico permite o surgimento do significante, produzido por essa leitura. Uma tal produção pareceria sempre próxima de algo do real, ou seja, algo que não engana. Será, então, que a elaboração onírica escapa desse universo do engano, que constitui a relação com o Outro nos jogos de linguagem?

Não parece ser o caso. Freud analisou alguns sonhos especificamente produzidos para enganar. Como pode ser isso possível, visto que a rede de demandas — em que todos estamos presos ao despertar, por querermos ser amados — não está colocada durante o sono? Pois bem, aqui entra uma especificidade do desejo, que Freud já reconheceu desde 1900 ao tentar entendê-lo no sonho e que fica bem situada na histeria. Vejamos um sonho de uma paciente de Freud:

> Eu queria oferecer uma ceia, mas o único mantimento que tinha em casa era um pouco de salmão defumado. Quis sair para fazer compras, mas lembrei-me de que era domingo à tarde e todas as lojas estavam fechadas. Quis telefonar para alguns fornecedores, mas o telefone estava com defeito. Assim, tive de renunciar ao desejo de oferecer uma ceia.

Não é sem certo desafio que a paciente relata o sonho, na medida em que lhe parece contrariar a explicação que Freud lhe dera, do sonho como realização de desejo. Ela argumenta que nesse acontece-lhe justamente o oposto: seu desejo não foi realizado. Então Freud procede, junto com ela, ao desdobramento das associações do sonho. Alguns desses elementos: a paciente era casada com um açougueiro, por quem estava muito apaixonada. Tratava-se de um homem mais rude, de fala direta. Ela costumava implicar com ele. Surge, então, um elemento curioso, que parece sem muito sentido com o resto do relato: ela lhe pedira que não lhe desse nenhum caviar. O que significaria isto, visto que a paciente diz que há muito deseja comer sanduíche de caviar todas as manhãs? Mais ainda: se pedisse, o marido certamente a satisfaria. Mas não: ela não quer que ele lhe dê para poder continuar implicando com ele. A Freud esses comentários pareceram despropositados. Mas ela continua com as associações, trazendo a visita que fizera, no dia anterior, a uma amiga de quem sentia ciúme por pensar que ela agradava a seu marido — mas por sorte era magra, e ele preferia formas rechonchudas. Essa amiga fica também associada a outro elemento do sonho: o salmão é seu prato preferido.

Freud dá duas explicações ao sonho: uma, na sua relação direta, mais ligada ao conteúdo manifesto, que refere que no sonho a paciente realiza o desejo de não ver a amiga engordar com seu jantar, para assim não ter o risco de que ela lhe arrebatasse o marido. Em algumas ocasiões, a amiga lhe havia sugerido que a convidasse para jantar, porque em sua casa se comia bem. A outra explicação é indireta: Freud sugere que a paciente tinha necessidade de manter um desejo insatisfeito e que essa amiga também mantinha essa mesma posição. O desejo insatisfeito surgia na relação da paciente com o caviar — ela preferia que o marido não a satisfizesse — tanto quanto na relação da amiga com o salmão.

Lacan se utiliza desse trabalho de Freud, no Seminário em que analisa as formações do inconsciente, para propor uma determinada relação com o desejo que a histeria nos revela. Para ele, o desejo do falante se apóia em outro desejo. Ou seja, não há uma relação direta, natural, entre desejo e objeto. Em função de nossa determinação pela linguagem, perdemos as condições de satisfação da natureza, e o que nos satisfaz nunca é somente da ordem da necessidade. Uma comida, por exemplo, precisa ser preparada de tal ou qual jeito, ligando todos os órgãos dos sentidos ao ato de comer, no qual a estética — o destaque do olhar, logo, do campo do Outro — cumpre um papel determinante. As condições dessa desnaturalização fazem com que dependamos do desejo do Outro. Lacan destaca essas peculiaridades através das formações da histeria. O desejo insatisfeito é uma de suas características. A histérica tem uma forma particular de queixar-se, reivindicando do Outro algo que ela mesma provoca. Ou seja, no fim das contas, os histéricos se queixam da abertura do desejo e do desgarramento infinito da linguagem, demandando de alguém — um pai ou mestre — que ampare ou banque algo desse impossível de representar, resultado desse desgarramento. Essa forma de relação com o desejo apóia-se num traço de identificação com o Outro. Se o deslizamento das formações do inconsciente não permite fixar o signo do desejo a um único objeto, o traço identificatório mediatiza, permitindo, de alguma maneira, a circunscrição do desejo em alguns elementos. É colocando em causa no sonho, um elemento que indica o desejo de sua amiga que a paciente de Freud aborda, o enigma do próprio desejo.

Trabalho do sonho, trabalho de luto

Na apresentação da segunda edição do livro sobre a interpretação dos sonhos, encontramos a seguinte frase de Freud: "Para mim este livro tem, de fato, uma segunda importância subjetiva ... ao comprovar que era uma parte de minha própria análise, que representava minha reação frente à morte de meu pai..." Essa frase contundente introduz-nos num tema crucial no trabalho analítico, dizendo respeito às relações entre luto e produção. Trataremos de apresentar alguns índices que nos permitam uma aproximação com o tema dos sonhos.

Quando mencionamos, no item anterior, a relação entre desejo e identificação com o traço, deixamos aberto o caminho que nos permitiu unir esses dois termos. Ou seja, a indagação sobre o que faz com que aquilo que move o desejo não seja um objeto em si, nem um substituto do objeto, mas um traço que indica uma determinada relação com um objeto (no caso do sonho, a relação com o salmão indicando o desejo insatisfeito). Nas relações primárias encontraremos alguns elementos para entender a questão da satisfação. Encontraremos, também, a ponte que nos permitirá tocar rapidamente no trabalho de luto.

O trabalho de luto requer elaborações psíquicas bastante complicadas. Precisa transpor a necessidade da presença, para um traço de memória que contenha, de alguma maneira, o suporte da antiga relação. Pensemos, por exemplo, na função do objeto transicional — o cobertorzinho, o paninho etc. — para a criança pequena. Esse objeto é, ao mesmo tempo, presença e ausência. Mantém a memória não somente na sua constância visual, mas também nos restos de secreção do corpo, cheiros que a criança não deixa lavar. No entanto, é uma presença que contém a ausência da mãe. É na medida em que a criança pode manipular e representar essa presença/ausência que ela pode manter uma constância de si. Se não conseguir lidar com a presença/ausência, ela também desaparecerá quando a mãe se ausentar. Isso porque é pelo olhar do Outro que adquirimos a representação de nosso corpo, logo, também o sentimento de constância que temos dele. No entanto, isso somente se mantém quando no lugar da falta podem ser construídos jogos simbólicos, que são verdadeiramente jogos de elaboração da falta, da separação.

Freud imortalizou essa construção na observação de uma brincadeira de seu neto. Ele parecia não se importar com a saída da mãe — a quem era muito apegado —, mas repetia insistentemente um jogo com um carretel, fazendo-o desaparecer e ressurgir, emitindo sons que Freud interpretou como "aqui" e "fora". Freud reconheceu ali uma simbolização da saída da mãe, que parecia satisfazer a criança na medida em que podia apropriar-se da situação por meio do jogo.

No lugar da falta precisamos instituir a constância de um traço simbólico, índice da relação perdida. Normalmente é um traço que incorporamos — com o qual nos identificamos, para aceitar perder — transpondo, de alguma maneira, o traço da relação perdida para as relações seguintes. Como é possível perceber, o movimento de simbolização apóia-se no luto. É de um luto originário que ganhamos um sentimento de constância, já que substituímos um referente da percepção imediata por um traço simbólico. Assim, nosso desejo sempre vai se orientar por apoio nesse traço. Só que, pelos desdobramentos do Édipo, é um traço que transpõe uma dualidade para ser "terceirizado": precisa apoiar-se no desejo do Outro. É aqui que chegamos no "desejo do desejo".

Concluindo este preâmbulo, retomemos Freud e seu luto. Ele propõe que o livro sobre a interpretação dos sonhos tem uma dupla função: é parte de sua análise pessoal e também uma reação à morte de seu pai. Podemos considerá-lo, então, como um trabalho de luto. No entanto, encontraremos ali um duplo luto. O primeiro, responsável pelo sonhar, apóia-se na transferência com Fliess, que o ajudou no desenvolvimento de sua análise. Situa-se, paradigmaticamente, no exemplo de um sonho que Freud relata ao amigo, e está registrado em dois lugares: no próprio texto da interpretação dos sonhos e numa carta a Fliess. Nesta, de 1896, Freud relata o seguinte:

> Tenho que te contar um lindo sonho que tive na noite seguinte ao enterro [do pai]. Encontrava-me numa loja e lia o seguinte cartaz: "Roga-se fechar os olhos." Imediatamente reconheci no local a barbearia a que vou todos os dias.

Freud toma esse sonho como a expressão de uma autoacusação ligada à morte do pai. A frase do sonho surge como um duplo sentido: o do dever de fechar os olhos do morto e o de "fechar os olhos" à falta dos outros. A frase ao mesmo tempo o acusa e pede indulgência.

Já no texto sobre a interpretação dos sonhos essa abordagem é um pouco diferente. O tempo transcorrido (três ou quatro anos) também faz seu trabalho. Freud analisa os meios de representação do sonho e se detém na consideração a respeito das conjunções. Em descrições de sonhos, nas quais surge o "ou" ("isto ou aquilo", por exemplo), o mesmo não representado com sentidos que se excluem mutuamente, e sim sentidos justapostos, mesmo que contraditórios. Traz, então, o exemplo de seu sonho, com duas modificações em relação ao texto da carta a Fliess. A primeira é que diz tê-lo sonhado na noite *anterior* ao enterro, e não na *seguinte*, como relata ao amigo. A outra modificação diz respeito à própria frase, onde surge o "ou". Ele relata uma dúvida em relação a duas opções: "Se roga fechar *os* olhos" ou "Se roga fechar *um* olho". É interessante que no desdobramento dessa frase produz-se uma separação entre dever (os olhos do morto) e indulgência (o engano dos vivos).

Muitas relações podem ser feitas com esses elementos, mas recortaremos tão-somente uma diferenciação entre dois trabalhos: o do sonho e a produção da obra *A interpretação dos sonhos*. Em ambos, o que está em causa é um trabalho de luto. Mas é somente com a publicação da obra que se pode dizer que Freud passa a outro registro, em que não se trata da sustentação exclusiva de seu genitor, constante de suas relações primárias. Digamos que no processo de elaboração desse sonho podemos acompanhar o desdobramento do endereçamento da demanda de Freud. Num primeiro tempo, em que sonhar permite a transformação de uma presença (aqui, a do pai) em letra do sonho. Num segundo tempo, em que Freud endereça a elaboração onírica a Fliess, qualificando-o de *um lindo sonho*: algo que merece ser contado, que vai interessar ao Outro de sua transferência. Num terceiro tempo, quando escreve as formações do inconsciente — que vão interessar à construção do campo da psicanálise —, onde não se trata de algo exclusivamente pessoal, mas da letra da transmissão de um ensino.

A função dos sonhos num percurso de análise

Com os desdobramentos dos itens anteriores indicou-se a função dos sonhos nos percursos de análise. Neles, os psicanalistas não têm interesse, como poderia parecer à primeira vista, em interpretar o que estaria "por trás", "escondido", e que o sonho revelaria. Pelo contrário, o interesse está em que o sonho apresenta uma literalidade, condição da instância da letra no inconsciente, conforme expressão de Lacan. Ou seja, pela análise dos sonhos chega-se a uma "Outra cena", um outro registro que implica o sujeito na sua fantasia e que dificilmente tem "tradução" na realidade material. No entanto, estamos sempre interessados em constituir correspondências estritas com essa forma de realidade. Como vimos, a partir inclusive da função dos sonhos de angústia, despertamos para continuar sonhando.

De início, quando alguém pede análise, não pensa em transpor todas as implicações que estão em causa nesse percurso. O mais das vezes, parece suficiente restabelecer um certo circuito de satisfações que foi rompido: seja por perdas acontecidas, seja porque aquilo que se propõe conseguir implica deixar o conhecido, ou qualquer outra questão. De toda maneira, quem empreende uma análise busca reconstituir algo que se rompeu nos suportes de sua existência. Essa ruptura coloca em questão os primórdios de nosso psiquismo, reenviando-nos a nosso traumatismo originário, quando perdemos nosso objeto natural de satisfação em função da entrada na linguagem. Quando isso acontece, o sonho é necessário para a reconstituição da realidade psíquica. Para Freud foi importante o encontro com pessoas que vinham da guerra, debruçar-se sobre seus sonhos, onde a repetição diabólica levava toda noite à cena de seu trauma. Como vimos, esse é um tempo preliminar, em que precisa reinscrever-se uma falta, de maneira a produzir o lugar de um traço simbólico, que permita significar outra coisa que não a cena mesma. Em termos mais amplos, sonhar é precondição de viver.

Certo é que, se por um lado o sonho tem essa função positiva, por si só ele não modifica as coisas. A análise não é uma "sonhoterapia". Assim é que se torna necessário um trabalho de escuta da fala sobre a produção onírica para que a letra mude de registro. É pelo endereçamento, numa fala ao analista, que o sonho toma sua condição literal. É na transferência com o psicanalista que seu texto torna-se operativo. Ou seja, ele fica primeiramente alienado a um pedido amoroso para, na transposição do mesmo, encontrar seu jogo simbólico pelo efeito do significante.

Por último, um comentário sobre o legado freudiano. Os desdobramentos pelos quais passou a construção de sua obra são bastante instrutivos. Freud precisou franquear o limite de sua formação para propor o trabalho do inconsciente ao mundo. Não foi somente ter enunciado a existência do inconsciente — o que já havia sido feito por outros —, mas foi propor o inconsciente como resultado de um trabalho do desejo, realizado em transferência. Para que isso acontecesse — para que seus próprios limites de pensar sobre isso fossem franqueados —, ele precisou colocar-se em transferência (com Fliess) e proceder ao reconhecimento de seu desejo. Fez isso principalmente na análise de seus sonhos. Com essa empreitada, lega-nos uma condição importante para a transmissão da psicanálise: a necessidade da própria experiência do inconsciente em análise.

O corpo da letra

Numa passagem de seus *Escritos*, Lacan fala da pulsão como um escravo mensageiro, que no tempo antigo entregava mensagens de seus senhores de um lugar a outro. Esse "mensageiro" pulsional carregaria uma mensagem que lhe foi tatuada no couro cabeludo enquanto dormia. Assim, de seu texto ele nada sabe, nem que o condena à morte em seu destino de entrega. Essa alegoria é um tanto drástica e bastante ácida com a vida. Pensar-nos como um corpo escravo —

submetido ao Outro da linguagem, num caminho imposto e prescrito pelo endereçamento dessa mensagem, cujo destino mortal está escrito na origem — não encoraja ninguém. Pode-se dizer que ela é verdadeira. E mais: que a condição de escravos, em nosso destino pulsional, é o que nos implica numa posição irrevogável de gozar (na repetição de situações de desprazer) lá onde estamos submetidos. A singularidade da psicanálise é que, apesar de reconhecer o sentido trágico de tal empreitada, ela não faz concessões ao drama. O sentido do drama tem relação com a inclinação a buscar uma promessa de salvação. Tudo o que os homens já produziram culturalmente deixa antever que essa promessa, ao invés de libertar, leva a outra submissão. É também por essa razão que a psicanálise se diferencia da psicoterapia: ela não promete curar o incurável. Mas, então, ao que levaria a psicanálise?

O corpo pode pesar. Ao mais das vezes submetido ao olhar: constrangido ou bem conformado às imagens sociais, busca soltar-se de amarras lá onde as confirma. Olhar e voz — objetos representantes desse Outro — invadem um espaço cada vez mais rarefeito pelas experiências das cidades. E é dessas experiências que surgem caminhos onde o que se produz é outra coisa, que não a interpelação a corresponder às imagens sociais. Essa "outra coisa" diz respeito à criação. Nesse tema, como já dizia Freud, o artista e o escritor precederam o psicanalista. A eles corresponde a mestria de produzir uma obra a partir de letras "cravadas" *em corpo* (*en corps encore*, "no corpo" "ainda", no jogo homofônico produzido por Lacan em francês), liberando-as da clivagem que as mantém suspensas e prisioneiras. Na criação, o olhar e o ritmo, relativo à pulsão invocante, surgem como objetos liberados na obra.

É isso que testemunha Fernando Pessoa quando escreve, em seu *Livro do desassossego*: "As palavras são para mim corpos palpáveis, sirenes visíveis, sensualidades encarnadas... o desejo é transmutado nisso que, em mim, é capaz de criar ritmos verbais." Pessoa: viajante das letras, manteve-se sempre em Lisboa; reduzido na vida, multiplicou-se nas obras-personagens. Dele ficamos com o testemunho de seus inúmeros heterônimos, exemplo único de criação, por um mesmo indivíduo, de diferentes obras com estilos únicos.

Ou então, voltando a percursos de análise, temos o exemplo de Serguei Pankejeff, no sonho da vespa. Nele vemos uma transposição, passando pela imagem do inseto com as asas arrancadas: imagem do próprio Serguei, objetalizado e despedaçado, quando pode reconhecer "isso sou eu". No relato do sonho, a transposição desse "isso" no lapso — quando diz "espe" no lugar de "*Wespe*". O lapso, que podemos dizer translingüístico, resulta do endereçamento que faz de sua fala na transferência com Freud. É nessa transposição que ele chega às iniciais de seu nome. Do objeto ao nome, em três tempos, caracterizando o caminho da letra num percurso de análise.

Referências e fontes

Os textos de sonhos aqui transcritos encontram-se nas *Obras completas* de Sigmund Freud e podem ser consultados em sua tradução em português, pela editora Imago. Aqui, no entanto, optamos por traduzi-los do espanhol, da publicação da Editora Biblioteca Nueva (Madrid, 1975), sendo as seguintes as referências mais detalhadas: os sonhos da "monografia botânica", da injeção de Irma e o do salmão defumado estão em "A interpretação dos sonhos", respectivamente nas p.450, 412 e 437; o sonho do Homem dos Lobos encontra-se na p.1.953, em "História de uma neurose infantil (o Homem dos lobos)"; e o sonho em que aparece a frase "Roga-se fechar os olhos" acha-se na p.3.549, em "As origens da psicanálise".

Além desses, foram mais diretamente referidos os seguintes trabalhos de Freud constantes de suas *Obras completas*: "Além do princípio do prazer", "A negação" e "Os dois princípios do suceder psíquico". Todos podem ser consultados na mesma edição antes referida.

Em relação aos textos de Jacques Lacan, aparecem como fontes principais dois de seus Seminários: *o Livro 2: O eu na teoria de Freud e na técnica da psicanálise* e *o Livro 11: Os quatro conceitos fundamentais da psicanálise* (ambos Rio de Janeiro, Zahar, 1985). E também um texto constante de seus *Escritos* (Rio de Janeiro, Zahar, 1998): "A instância da letra no inconsciente ou a razão desde Freud".

Leituras recomendadas

Como leitura obrigatória temos *A interpretação dos sonhos*, constante das *Obras completas* de Sigmund Freud. É importante frisar que, apesar de dispormos dessa obra em português, pela editora Imago, não recomendo essa tradução. Os sentidos das frases ficam por vezes completamente adulterados, além de os editores terem optado por termos que se aproximam das posições da psicologia do ego, coisa que não está no original. A melhor tradução de que dispomos é em espanhol (Buenos Aires, Amorrortu). Temos, também, a tradução para o espanhol de Lopez-Ballesteros, publicada pela editora Biblioteca Nueva, que usei como referência aqui.

O texto sobre a interpretação dos sonhos é bastante extenso. Como está abrindo caminhos, Freud procede a análises minuciosas, além de utilizar-se de uma grande coleção de exemplos. Como capítulos obrigatórios sugerimos "O método da interpretação onírica", "A elaboração onírica" e "Psicologia dos processos oníricos".

Freud publica muitos trabalhos sobre os sonhos, dos quais destacamos os seguintes:

- "Além do princípio do prazer", onde Freud procede a uma reversão teórica importante e, se quisermos acompanhar os desdobramentos que acontecem na teoria psicanalítica, é um texto fundamental.

• *O delírio e os sonhos na Gradiva, de W. Jensen*, publicado em 1906, que faz uma interessante análise do romance de W. Jensen, retomando muitas das elaborações sobre os sonhos. Nesse trabalho, destaque para a abordagem freudiana dos traços de memória, elemento que também joga na elaboração onírica.

• "Um sonho como testemunho", de 1913, onde Freud relata uma interessante análise de uma paciente a propósito de um sonho de sua enfermeira.

• A análise do sonho do Homem dos Lobos, que pode ser encontrada em "Sonhos com temas de contos infantis", também de 1913. Ali Freud recorta somente o trabalho do sonho que ele retomará na extensa análise do caso.

• "Adição metapsicológica à teoria dos sonhos", de 1917, onde o autor conforma os sonhos a uma abordagem metapsicológica, que significou para ele a mais completa concepção de aparelho psíquico que poderia propor. No entanto, precisará, ainda, o desenvolvimento da última abordagem sobre as pulsões, a partir de 1920. Isso já estará contemplado em textos finais, tais como "Novas lições introdutórias à psicanálise" (1933) e *Compêndio de psicanálise* (1938) – último lugar em que abordará esse tema.

• "O sonho e a telepatia", de 1922, onde o autor retoma esse sentimento que temos sobre transmissão de pensamentos e as antecipações sobre acontecimentos.

Em relação à obra de Jacques Lacan e sua elaboração sobre os sonhos, em todos os seus textos encontraremos releituras dos trabalhos freudianos. No entanto, é importante partir da singularidade de sua proposta sobre o inconsciente, que será encontrada em momentos de virada que ele propõe à abordagem psicanalítica. O texto inaugural "A instância da letra no inconsciente ou a razão desde Freud", encontra-se no livro *Escritos* (já citado nas referências), que reúne os principais artigos que ele escreveu. Nesse artigo, Lacan propõe algo singular no trabalho analítico, como uma leitura do inconsciente a partir de algo que ele denominou "letra em instância", que abordamos no corpo deste livro. Além disso, temos a transcrição e o estabelecimento de um ensino característico desse autor, denominado Seminário. Sobre comentários da elaboração onírica recomendamos o *Livro 2* (também citado nas referências), onde Lacan dedica dois capítulos ao sonho da injeção de Irma, e o *Livro 5*, *As formações do inconsciente* (Rio de Janeiro, Zahar, 1999), onde Lacan propõe uma ampla releitura dos textos de Freud sobre o inconsciente, além de uma análise de sonhos. No *Livro 11* (também citado nas referências), o autor elabora o conceito de objeto *a*, sua inovação para a psicanálise, propondo com isso uma reformulação dos conceitos, principalmente o de inconsciente. Como acréscimo ao tema — mas importante para entender a clínica lacaniana — o *Livro 20: Mais, ainda* (Rio de Janeiro, Zahar, 1985), onde o autor desenvolve sua proposição sobre os gozos.

Boa leitura!

Sobre a autora

Ana Costa é psicanalista, membro da Associação Psicanalítica de Porto Alegre, na qual está desde a fundação, tendo sido presidente por uma gestão (1997-8). Doutora em psicologia clínica pela Pontifícia Universidade Católica de São Paulo (PUC-SP), realizou pós-doutorado em Paris, na Université de Paris XIII. É professora universitária, atualmente como professora visitante no Mestrado em Clínica e Pesquisa em Psicanálise da Universidade Estadual do Rio de Janeiro (Uerj).

Autora de inúmeros artigos publicados em revistas nacionais, bem como alguns no exterior, tem três livros publicados: *A ficção do si mesmo: interpretação e ato em psicanálise* (Rio de Janeiro, Cia. de Freud, 1998), *Corpo e escrita: relações entre memória e transmissão da experiência* (Rio de Janeiro, Relume-Dumará, 2001) e *Tatuagens e marcas corporais: atualizações do sagrado* (São Paulo, Casa do Psicólogo, 2003).

Psicanálise **PASSO-A-PASSO**

- **O adolescente e o outro**
  Sonia Alberti
- **Mito e psicanálise**
  Ana Vicentini de Azevedo
- **Sonhos**
  Ana Costa
- **Édipo**
- **Psicanálise com crianças**
  Teresinha Costa
- **Freud: criador da psicanálise**
- **Lacan, o grande freudiano**
  Marco Antonio Coutinho Jorge e Nadiá Paulo Ferreira
- **A sublimação**
  Orlando Cruxên
- **Freud e a religião**
  Sérgio Nazar David
- **O conceito de sujeito**
  Luciano Elia
- **A teoria do amor**
  Nadiá Paulo Ferreira
- **Histeria: o caso Dora**
  Nadiá Paulo Ferreira e Marcus Alexandre Motta
- **A interpretação**
  Laéria Fontenele
- **Freud e a cultura**
  Betty Fuks
- **Política e psicanálise**
  Ricardo Goldenberg
- **A psicose**
  Andréa M.C. Guerra
- **Angústia**
  Sonia Leite
- **Linguagem e psicanálise**
  Leila Longo
- **Para que serve a psicanálise?**
- **A transferência**
  Denise Maurano
- **Depressão e melancolia**
  Urania Tourinho Peres
- **Feminino/masculino**
  Maria Cristina Poli
- **Os outros em Lacan**
  Antonio Quinet
- **A neurose obsessiva**
  Maria Anita Carneiro Ribeiro
- **Arte e psicanálise**
- **Cinema, imagem e psicanálise?**
  Tania Rivera
- **Trauma**
  Ana Maria Rudge
- **A paixão**
  Marcus André Vieira
- **Educação e psicanálise**
  Rinaldo Voltolini